Manfred Mai

Schulgeschichten

Zeichnungen von Sabine Kraushaar

Loewe

Dieses Buch ist auf chlorfrei gebleichtem Papier gedruckt.

ISBN 3-7855-2971-6 – 2. Auflage 1997
© 1997 Loewe Verlag GmbH, Bindlach
Umschlagillustration: Sabine Kraushaar
Satz: Leingärtner, Nabburg

Inhalt

Ganz schön auf Zack

Seit Tagen redet Frau Berger von dem Neuen, der bald in die Klasse kommen soll. Die Kinder sind schon sehr gespannt, wie der Neue wohl sein wird.

„Hoffentlich kann er gut Fußball spielen", sagt Jens.

„Das ist doch nicht so wichtig", meint Lena. „Hauptsache, er ist nett."

„Damit du dich gleich in ihn verlieben kannst, was?", neckt der vorlaute Maximilian sie.

Lena zeigt ihm einen Vogel. „In dich verliebe ich mich jedenfalls nie. Du bist mir viel zu blöd!"

„Und du bist …"

In diesem Augenblick geht die Tür auf und Frau Berger kommt herein – mit dem Neuen.

„Guten Morgen", grüßt Frau Berger.

„Guten Morgen, Frau Berger", grüßen die Kinder zurück.

„Wie ihr seht, bin ich ja heute nicht allein. Das ist euer neuer Mitschüler Marco Batti."

„Hey!", sagt Marco und hebt kurz die Hand.

Die Kinder sehen ihn an. Marco hat einen schwarzen Lockenkopf und ist groß und kräftig. Aus seinen Augen blitzt der Schalk.

„Kannst du Fußball spielen?", fragt Jens in die Stille hinein.

„Wenn du einen Ball hast", antwortet Marco.

„Das könnt ihr später noch besprechen", sagt Frau Berger. „Jetzt braucht Marco zuerst mal einen Platz. Ich habe gedacht, er …"

Philipp meldet sich. „Neben mir kann er sitzen."

„Neben mir auch", sagt Julia, deren Nachbarin krank ist.

„Nein, neben mir soll er sitzen!", ruft Jens.

Maximilian guckt ihn komisch an und sagt: „Da sitz doch ich."

„Du kannst ja neben Philipp sitzen", meint Jens.

„Aber ich …"

Jetzt mischt sich Frau Berger ein: „Ich freue mich, dass ihr gleich so nett zu Marco seid. Für den Anfang wird er am besten neben Philipp sitzen. Wenn ihr euch besser kennen gelernt habt, sehen wir weiter."

Marco setzt sich neben Philipp. Dann stellt er sich vor und erzählt, dass er aus Dortmund kommt.

„Hast du die Borussia schon mal spielen sehen?", möchte Jens wissen.

„Klar, schon oft", antwortet Marco. „Ich hab sogar Autogramme von Sammer, Möller, Reuter und den meisten andern."

„Echte Autogramme?", staunt Jens und bringt fast den Mund nicht mehr zu.

Die Fußballer in der Klasse beneiden Marco.

Gleich in den ersten beiden Stunden zeigt sich, dass Marco nicht nur im Fußball auf Zack ist, sondern auch sonst einiges draufhat. Beim Rechnen und in der Deutschstunde meldet er sich mehrmals und gibt immer richtige Antworten.

In der großen Pause stehen die meisten Kinder der Klasse um Marco herum und fragen ihm Löcher in den Bauch.

Tina und Gabriel beobachten alles aus einiger Entfernung. Beide finden das

alberne Getue um den Neuen doof. Sie
nehmen sich vor Marco erst mal genau
zu beobachten und mehr über ihn
herauszufinden. Wenn er wirklich so toll
ist, wie es aussieht, können sie immer
noch Freundschaft schließen.

Kaugummi mit Himbeergeschmack

In der letzten Stunde gehen die drei
dritten Klassen der Erich-Kästner-
Grundschule in den Musiksaal um einen
Film über richtiges Verhalten im Straßen-
verkehr anzuschauen. Obwohl die
Lehrerinnen ihre Klassen mehrfach zur
Ordnung rufen, gibt es ein fürchterliches
Gedränge und Geschubse. Fast alle
Kinder wollen möglichst weit vorne
sitzen.

Martin aus der 3a drängelt auch. Aber
nicht um weit nach vorn zu kommen. Im
Gegenteil, er will weiter nach hinten, wo
er Lisa aus der 3c entdeckt hat. Er kämpft
sich durch die vorwärts drängelnden
Kinder in Lisas Nähe. Dann wartet er, bis
Lisa sich setzt. Rechts neben ihr sitzt
Lisas Freundin Anne. Martin würde sich
gern auf der anderen Seite neben Lisa
setzen, aber das traut er sich nicht.
Deswegen steigt er schnell über eine
Stuhlreihe und setzt sich hinter Lisa.

Während die anderen noch um gute Plätze rangeln, betrachtet Martin Lisa von hinten. Sie hat schönes Haar. Es glänzt fast wie Gold. Am liebsten möchte Martin Lisas Haar anfassen, aber er tut es nicht.

Lisa und Anne reden miteinander. Martin spitzt die Ohren.

„Der ist ein Angeber und richtig doof", hört er Lisa sagen.

Martin spürt einen Stich. Ihm wird ganz flau im Magen.

„Nur weil er ein teures Fahrrad hat, meint er, er ist der Größte", sagt Anne.

Teures Fahrrad?, fragt sich Martin. Wieso teures Fahrrad? Ich hab doch gar kein teures Rad. Da geht Martin ein Licht auf. Die reden ja gar nicht von ihm. Erleichtert lehnt er sich zurück.

„Nachdem jetzt alle einen Platz gefunden haben, können wir endlich mit dem Film beginnen!", ruft die Schulleiterin. „Passt bitte gut auf!"

Die Verdunkelungsrollos surren nach unten. Im Raum ist es jetzt richtig schön schummrig.

Während im Film ein Polizist zeigt, was alles zu einem verkehrssicheren Fahrrad gehört, überlegt Martin, wie er es anstellen könnte, dass Lisa zu ihm nach hinten guckt. Da fallen ihm seine Kaugummis ein. Sonst darf man in der Schule

natürlich keine kauen. Aber jetzt sehen die Lehrerinnen es ja nicht. Er holt das Päckchen aus der Hosentasche, nimmt einen heraus und tippt Lisa leicht auf die Schulter.

Sie dreht den Kopf und fragt: „Was ist denn?"

Martin hält ihr den Kaugummi fast vor die Nase und flüstert: „Magst du?"

Lisa wundert sich zwar, greift jedoch zu und bedankt sich. Anne schaut ebenfalls nach hinten, aber ihr gibt Martin keinen Kaugummi.

Lisa packt den Kaugummi aus und schiebt ihn in den Mund. Martin kann von schräg hinten sehen, wie sie kaut. Er beugt sich so weit nach vorn, dass sein Kopf dicht neben dem von Lisa ist. Martin riecht Lisas Haar. Ihm wird von dem wunderschönen Geruch beinahe schwindlig.

Lisa spürt Martins Nähe, lehnt sich ein wenig zur Seite und schaut ihn an.

„Schmeckt dir der Kaugummi?", fragt Martin ganz leise. Lisa nickt.

„Himbeer ist mein Lieblingsgeschmack", flüstert Martin.

„Meiner auch."

„Scht!", macht eine Lehrerin. „Ihr sollt nicht reden, sondern aufpassen!"

Martin kann nicht aufpassen. Was der Polizist über die Verkehrszeichen und Vorfahrtsregeln erzählt, interessiert ihn jetzt nicht. Im Moment hat er nur Nase, Augen und Ohren für Lisa.

„Meiner auch", hat sie gesagt. Martin spürt ein Kribbeln im Bauch. Er schließt die Augen um es noch stärker zu spüren.

„He, nicht pennen!", zischt sein Nachbar und stößt ihm den Ellbogen in die Seite.

Mit einem Schlag ist das schöne Gefühl weg.

„Spinnst du?", sagt Martin und gibt den Stoß zurück.

„Au!"

„Ruhe da hinten!", ruft die Schulleiterin.

Martin wartet eine Weile. Dann holt er einen zweiten Kaugummi aus der Hosentasche, beugt sich wieder nach vorn und flüstert Lisa ins Ohr: „Hier, für nachher."

Lisa dreht langsam den Kopf, guckt Martin an und flüstert: „Hast du dann noch einen für dich?"

Martin nickt. Da nimmt Lisa den Kaugummi und steckt ihn ein.

Das wollte ich nicht

Die zweite Stunde hat gerade begonnen, da sucht Frau Heinen etwas in ihrer Tasche. „Wo steckt es denn bloß?", murmelt sie vor sich hin. „Ich habe es zu Hause doch eingepackt. Das Buch kann ja keine Flügel bekommen haben und aus meiner Tasche geflogen sein."

Die Kinder kichern.

Frau Heinen runzelt die Stirn und denkt angestrengt nach. Plötzlich schlägt sie sich mit der Hand gegen den Kopf. „Ich bin vielleicht eine Schusseltante", sagt sie. „Das Buch liegt noch im Lehrer-zimmer. Elena, bist du so lieb und holst es? Du weißt ja, wo mein Platz ist."

Elena nickt und geht los. Das Lehrer-
zimmer ist im ersten Stock. Elena klopft
an, aber niemand sagt „Herein!" Sie
öffnet die Tür und geht hinein.

Frau Heinens Platz ist am Ende des langen Tisches. Elena holt das Buch. Da sieht sie ein Fünfmarkstück auf dem Tisch liegen. Sie schaut es kurz an – unc schon ist es in ihrer Hosentasche verschwunden. Dann verlässt Elena eilig das Zimmer und läuft zurück.

„Das ging aber schnell", sagt Frau Heinen und streicht Elena übers Haar.

Elena wird es noch viel heißer, als ihr ohnehin schon war. Mit glühenden Wangen setzt sie sich an ihren Platz.

Nine guckt sie von der Seite an und fragt: „Was ist denn?"

„Nichts", antwortet Elena und schaut auf ihr Heft.

Warum hab ich das bloß getan?, schießt es ihr durch den Kopf. Warum? Warum? Warum? Sie spürt, wie ihr die Tränen kommen, und will ein Taschentuch aus der Tasche holen um sich die Nase zu putzen. Dabei berührt sie das Fünfmarkstück und diese kurze Berührung ist wie ein Stromschlag. Elena kann nichts mehr denken. Alles in ihr schwirrt und sirrt.

„Ist dir nicht gut, Elena?", hört sie Frau Heinen wie von fern fragen.

Elena reagiert nicht.

„Möchtest du an die frische Luft?"

Elena schüttelt den Kopf.

Frau Heinen schaut sie nachdenklich an, macht dann aber mit dem Unterricht weiter.

Langsam beginnt Elenas Gehirn wieder zu arbeiten und die Gedanken werden klarer. Warum musste das blöde Fünfmarkstück auch auf dem Tisch liegen?, fragt sie sich. Und warum habe ich es genommen? Das wollte ich doch gar nicht. Ich bin doch keine Diebin. Ich muss es wieder zurückbringen. Jetzt sofort.

Elena meldet sich. „Darf ich mal hinausgehen?"

„Natürlich", antwortet Frau Heinen. „Soll Nine mitkommen?"

„Nein, nicht nötig", antwortet Elena schnell, geht hinaus und huscht zum Lehrerzimmer. Sie horcht kurz an der Tür.

Drinnen ist es still. Mit klopfendem Herzen drückt Elena die Klinke nach unten. Zum Glück ist niemand drin. Elena greift in ihre Tasche, holt das Fünfmarkstück heraus und legt es auf den Tisch.

Gerade als sie wieder hinausgehen will, hört sie draußen Schritte. Sie bleibt wie angewurzelt stehen und lauscht mit angehaltenem Atem. Die Schritte gehen vorbei und werden leiser. Elena pustet die Luft aus, witscht zur Tür hinaus und läuft ins Klassenzimmer.

„Geht es dir jetzt wieder besser?", fragt Frau Heinen.

Elena nickt und setzt sich an ihren Platz. Ihr Herz klopft immer noch ganz wild.

An die Arbeit!

Herr Mattusch kommt ins Klassenzimmer, stellt seine Tasche auf den Stuhl und grüßt. Aber er sagt nicht wie meistens „Guten Morgen, Kinder". Nein, der Gruß besteht nur aus einem Wort. Und auch das verschluckt Herr Mattusch noch halb. Es klingt wie „Moin".

Die Kinder wissen natürlich sofort, was das bedeutet: Herr Mattusch hat schlechte Laune. Das kommt zum Glück nicht oft vor, denn eigentlich ist er ein sehr netter Lehrer. Aber manchmal hat eben auch ein netter Lehrer schlechte Laune.

Herr Mattusch drückt Kirsten einen Stapel Blätter in die Hand. „Davon gibst du jedem Kind eines!"

Kirsten teilt die Blätter schnell aus und setzt sich wieder an ihren Platz. Wenn Herr Mattusch so schlecht gelaunt ist, würde sie lieber weiter hinten sitzen.

„Puh, sind das viele Aufgaben", rutscht
es Timo heraus.

Herr Mattusch guckt ihn nur kurz an
und Timo schrumpft auf seinem Stuhl.

„Jetzt wird gerechnet!", sagt Herr
Mattusch. „Und ich möchte kein Wort
dabei hören. Haben wir uns verstanden?"
Er erwartet keine Antwort auf diese
Frage.

Die Kinder nehmen ihre Hefte und fangen an zu rechnen. Herr Mattusch geht durchs Klassenzimmer und schaut den Kindern über die Schultern. Heute erklärt er nichts und hilft auch nicht. Er sagt keinen Ton.

In der zweiten Stunde ist es genauso. Nur müssen sie jetzt nicht rechnen, sondern Hauptsätze aufschreiben. Zwanzig Stück!

„Der spinnt ja", flüstert Lisa ihrer Freundin Selina ins Ohr.

Als endlich große Pause ist, schimpfen draußen alle über ihren Lehrer. Bis Selina plötzlich sagt: „Wenn wir nur schimpfen, wird es auch nicht besser. Wir müssen etwas tun."

„Gegen seine schlechte Laune können wir doch nichts tun", meint Timo.

„Wir können es wenigstens versuchen", entgegnet Selina.

Sie stecken die Köpfe zusammen und hecken einen Plan aus.

Als Herr Mattusch nach der Pause ins Klassenzimmer kommt, sitzen die Kinder mucksmäuschenstill auf ihren Plätzen. Herr Mattusch will etwas aus seiner Tasche holen, da sieht er ein Blatt Papier auf dem Lehrertisch liegen. Er nimmt das Blatt, faltet es auseinander und liest:

Für unseren lieben Lehrer

Heute ist es in der Schule gar nicht schön.
Wenn Sie so schlechte Laune haben, macht der Unterricht keinen Spaß.
Dann haben wir sogar ein bisschen Angst vor Ihnen.
Werden Sie bitte ganz schnell so wie sonst, damit wir keine Angst mehr haben müssen und der Unterricht wieder Spaß macht.

Ihre Klasse 3a

Herr Mattusch hebt den Kopf und schaut
in die Klasse. Die Kinder wagen kaum
noch zu atmen, so gespannt sind sie auf
seine Reaktion.

Langsam faltet er das Blatt zusammen
und steckt es in seine Tasche. Dann sagt
er leise: „Ihr sollt keine Angst vor mir
haben. So weit darf es nicht kommen,
auch wenn ich mal schlechte Laune
habe. Das wollte ich nicht und es tut mir
Leid."

Oma geht zur Schule

Claras Eltern haben sich scheiden lassen. Und weil sie sich nicht einigen konnten, bei wem Clara bleiben sollte, entschied Clara selbst: Sie wollte lieber bei ihrer Oma Klara leben als bei Mama oder Papa. Damit waren die beiden sofort einverstanden. Und Oma Klara auch, denn sie hat ihre einzige Enkelin sehr lieb.

Vom ersten Tag an nimmt Oma Klara ihre Aufgabe sehr ernst. Nur hat sie manchmal das Gefühl, dass sie schon zu alt ist um noch ein Kind großzuziehen. Denn heute ist vieles anders als früher. Vor allem in der Schule hat sich viel geändert.

Wenn Oma Klara ihrer Enkelin bei den Hausaufgaben helfen soll, zuckt sie meistens mit den Schultern und sagt: „Ich versteh das nicht. Solche Sachen haben wir in der Schule nicht gelernt."

Weil sie ihre Enkelin aber nicht im Stich lassen will, entschließt sich Oma Klara selbst noch mal in die Schule zu gehen.

„Aber Oma", sagt Clara, „du kannst doch nicht mehr in die Schule!"

Oma Klara schmunzelt. „Du wirst schon sehen, ob ich das kann."

Gleich am nächsten Tag geht Oma Klara mit ihrer Enkelin in die Schule. Dort wundern sich zwar die Schüler und die Lehrer, aber der Rektor meint: „Wer lernen will, den soll man nicht daran hindern. Egal, wie alt jemand ist."

Also geht Oma Klara mit in Claras
Klasse.

In der ersten Stunde ist Rechnen. Das
konnte Oma Klara schon als Kind nicht
besonders gut. Deswegen gibt sie auch
zweimal eine falsche Antowrt.

Frau Rother, die Lehrerin, erklärt ihr
extra langsam, wie die Aufgabe zu lösen
ist. Und plötzlich leuchten Oma Klaras
Augen. „Jetzt hab ich's verstanden!"

„Ich auch", sagen ein paar Kinder. „So
gut haben Sie es noch nie erklärt."

„Soso", sagt Frau Rother nur.

Nach Rechnen steht Deutsch auf dem
Stundenplan. Darauf freut sich Oma
Klara. Denn Geschichten mag sie gern.
Aber es gibt leider keine Geschichten.
Heute geht es nämlich um Wie-Wörter,
die man auch Eigenschaftswörter
nennt.

„Wie-Wörter sagen uns, wie eine Person
oder Sache ist", erklärt Frau Rother. „Ich
gebe euch zwei Beispiele: Die Frau ist
klug. Der Zucker ist süß."

Die Kinder und Oma Klara sollen zehn Sätze mit Wie-Wörtern aufschreiben. Das findet Oma Klara zwar langweilig, aber sie macht es trotzdem.

So ist es auch in den nächsten Stunden und Tagen oft. Oma Klara gibt sich Mühe und lernt eine Menge, aber richtig Spaß macht ihr die Schule nicht.

Als die Klasse dann zum ersten Mal in den Computerraum geht und Oma Klara

sich an einen Computer setzen soll, meldet sie sich: „Ich glaube, das mit dem Computer lerne ich nicht mehr. Das ist für meinen alten Kopf zu schwierig. Ich habe überhaupt den Eindruck, in der Schule ist fast nur noch der Kopf wichtig. Aber der Mensch besteht doch nicht nur aus dem Kopf. Er hat auch einen Körper, fünf Sinne und Gefühle. Mir scheint, die kommen hier einfach zu kurz."

„Wir singen und spielen auch", sagt Frau Rother wie zur Entschuldigung. „Wir turnen und malen, damit nicht nur der Kopf gefordert ist."

„Aber viel zu wenig", sagt Oma Klara. „Viel zu wenig. Meint ihr nicht auch, Kinder?"

„Ja!", rufen die Kinder.

„Dann fangen wir am besten gleich damit an mehr zu singen, zu spielen und zu tanzen", sagt Oma Klara. „Wenn wir nämlich zu lange damit warten, sind wir alle zu alt dafür."

Eine tierische Schulstunde

Heute dürfen die Kinder der zweiten Klasse ihre Haustiere mit in die Schule bringen. Natürlich nicht einfach so zum Spaß. Im Sachunterricht sprechen sie zur Zeit über das Thema „Haustiere". Und gestern hat Frau Schulte gesagt, wer ein Haustier habe, dürfe es heute mitbringen.

Achtzehn der vierundzwanzig Kinder haben ein Haustier, manche haben sogar zwei oder drei Tiere. Von der weißen Maus über die Angorakatze bis zum Bernhardiner ist alles vertreten.

Nacheinander stellen die Kinder ihre Tiere vor und berichten, worauf man bei der Haltung und Pflege achten muss. Hier und da ergänzt Frau Schulte noch etwas.

Als Marcel an der Reihe ist und mit seinem Bernhardiner Bubu nach vorn zum Lehrertisch geht, weicht Frau Schulte ein wenig zurück. Der riesige Hund ist ihr nicht ganz geheuer.

Während Marcel den Kindern erzählt, was Bubu an einem Tag alles frisst, schleicht Svenjas Kater Schnurri unbemerkt zu dem Karton, in dem Davids Meersau Tinchen sitzt. Schnurri macht Männchen und lehnt sich mit den Vorderpfoten auf den Rand des Kartons. Der kippt um, Tinchen purzelt auf den Boden und saust pfeifend zwischen Kinder-, Stuhl- und Tischbeinen herum.

Vor lauter Schreck stößt Katrin den Käfig mit ihrer Maus Pipsi vom Tisch. Die Käfigtür springt auf und schon ist Pipsi draußen.

„Hilfe!", ruft Katrin aus Angst um ihre Pipsi.

Schnurri hat Pipsi auch schon entdeckt. Mit einem Satz springt er vom Tisch und jagt hinter Pipsi her. Die Angorakatze ist auch nicht mehr zu halten.

Jetzt wird sogar der sonst so ruhige Bubu unruhig. Er bellt so laut, dass Annes Kanarienvogel Pit wie wild in seinem Käfig herumflattert.

Auch Wuff, Schnauzer und Fetzi bellen kräftig.

„Schnauze!", krächzt Miriams Papagei Joko.

„Ruhe bitte!", ruft Frau Schulte und schielt dabei ängstlich zu Bubu hinüber.

Aber die Tiere hören nicht auf sie. Und auch die Kinder rufen wild durcheinander. Die ersten fangen an zu weinen, andere finden das alles lustig und lachen.

Pipsi hat sich hinter dem Wandschrank verkrochen. Kater Schnurri und die Angorakatze versuchen zwar Pipsi mit den Pfoten zu erwischen, schaffen es aber zum Glück nicht.

„Haltet mal eure blöden Katzen fest!", ruft Katrin.

Doch das ist leichter gesagt als getan. Der Kater und die Katze fauchen, sodass sich niemand an sie rantraut. Erst als Bubu mit Marcel angetrottet kommt, weichen Schnurri und die Angorakatze zurück. Der Bernhardiner ist ihnen für einen Kampf doch ein wenig zu groß.

Davids Meersau Tinchen saust immer noch kreuz und quer durchs Klassenzimmer. Und David immer hinterher. Dabei stößt er Miriams Papagei von der Stange.

„Quatschkopf! Quatschkopf!", krächzt Joko.

Inzwischen schwirrt auch ein Wellensittich durchs Zimmer und kackt Marcel auf den Kopf.

„Pfui Teufel!", ruft der. „So eine Schweinerei!"

Frau Schulte rauft sich verzweifelt die Haare. „Gebt endlich Ruhe!", schreit sie so laut, dass die Kinder und die meisten Tiere erschrecken.

Einen Augenblick lang ist es mucksmäuschenstill. Nur Joko krächzt: „Quatschkopf! Quatschkopf!"

„Halt den Schnabel!", sagt Frau Schulte.
„Und ihr fangt jetzt schnell eure Tiere ein.
Los, los!"

Ganz so schnell geht es zwar nicht,
aber nach zehn Minuten ist der ganze
Trubel vorbei. Und Frau Schulte schwört
sich, in Zukunft nur noch Bilder oder
Filme zu zeigen, wenn das Thema
„Haustiere" auf dem Stundenplan steht.

Lasst uns miteinander …

In der kleinen Pause kicken Daniel und Silvan mit einem Tennisball im Klassenzimmer. Silvan dribbelt mit dem Ball zwischen den Tischen und Stühlen hindurch. Daniel verfolgt Silvan und versucht ihm den Ball wegzuschnappen.

„Hört auf!", ruft Judith. „Sonst passiert noch was!"

Die beiden hören natürlich nicht auf Judith und spielen weiter. Als Daniel seinen Freund gegen das Fenster rempelt um den Ball zu bekommen, fällt ein Blumenstock vom Fensterbrett.

„Seht ihr", sagt Rainer. „Das habt ihr nun davon."

„Halt doch du die Klappe!", ruft Silvan. Er bückt sich, hebt die Scherben auf und trägt sie zum Mülleimer.

Daniel wischt die Erde und die Blumen zusammen und trägt sie hinterher. Die restliche Erde pustet Silvan kräftig auseinander, dass sie sich gleichmäßig verteilt und kaum noch zu sehen ist.

Die anderen Kinder schauen den beiden zu.

„Was glotzt ihr denn so blöd?", fragt Silvan. „Ist doch gar nichts passiert."

„Um so einen dämlichen Blumenstock ist es sowieso nicht schade", meint Daniel.

„Ihr seid ganz doof! Das sage ich ..." Bevor Rainer seinen Satz zu Ende bringt, kommt Herr Seibold ins Zimmer.

Die Kinder setzen sich an ihre Plätze. Herr Seibold beginnt mit dem Unterricht.

Mitten in der Stunde knüllt der Lehrer

ein Stück Papier zusammen und wirft es in den Mülleimer. Dabei entdeckt er die Reste des Blumenstockes und fragt: „Was ist denn mit dem passiert?"

Niemand antwortet.

Da hebt Rainer die Hand und sagt: „Silvan und Daniel haben ihn kaputtgemacht."

„So?" Herr Seibold schaut Rainer an. „Dann hätte ich es gut gefunden, wenn die beiden mir das selber gesagt hätten."

Es ist nicht das erste Mal, dass Rainer andere verpetzt.

Zwei Tage später kommt Ramona ein paar Minuten zu spät zum Unterricht. „Meine Mama hat verschlafen", entschuldigt sie sich.

Rainer schnippt mit den Fingern und sagt: „Stimmt ja gar nicht. Sie war noch beim Bäcker und hat sich Süßigkeiten gekauft. Ich hab sie genau gesehen."

„Soso", sagt Herr Seibold. „Nur gut, dass du immer alles so genau siehst."

Rainer merkt nicht, dass das kein Lob ist. Er merkt auch nicht, dass er sich mit seiner Petzerei bei Herrn Seibold überhaupt nicht beliebt macht.

Auch die Kinder mögen Rainer nicht. Sie beschließen ihm bei nächster Gelegenheit einen Denkzettel zu verpassen.

Drei Tage später hat Rainer Tafeldienst. Er macht den Schwamm triefend nass und will die Tafel putzen. Da geht Silvan an ihm vorbei und stößt ihn an, sodass er auf den Lehrertisch fällt. Der nasse Schwamm fliegt ihm aus der Hand und landet mitten im aufgeschlagenen Klassenbuch.

Nachdem Rainer sich wieder hochgerappelt hat und die Bescherung sieht, tupft er mit seinem Taschentuch das Wasser ab. „Hilf mir doch", bittet er Silvan. „Du bist doch schuld ..."

„Ich?", fragt Silvan. „Hast du den Schwamm aufs Buch geworfen oder ich?"

In diesem Augenblick kommt Herr Seibold herein. Und schon meldet sich Rainer.

Aber Silvan kommt ihm zuvor. „Der Rainer war's", sagt er, als Herr Seibold die verschmierten Seiten des Klassenbuchs sieht.

„Aber Silvan hat mich …"

„Der Rainer war's!", rufen die Kinder im Chor. „Wir haben es genau gesehen!"

Herr Seibold schüttelt vorwurfsvoll den Kopf. „Rainer, Rainer, nun schau dir mal das versaute Buch an. Was soll ich jetzt damit machen?"

Rainer schnieft. „Wenn Silvan mich nicht …"

Sebastian zeigt Georg einen Vogel und geht schnell zu seinem Platz.

„Warum kommst du denn so spät?"

„Bei uns in der Straße war ein Unfall", antwortet Sebastian. „Da konnte ich nicht vorbei. Ich musste einen Umweg machen."

„Tolle Ausrede!", sagt Annalisa. „Da muss sich unser Dicker aber anstrengen um besser zu sein."

„Heute war bestimmt mal wieder was mit seinem Fahrrad", vermutet Simone. „Oder er musste noch Medizin für seine kranke Mutter besorgen. Das hatten wir auch schon lange nicht mehr."

Annalisa kichert. „Vielleicht hatte er auch Durchfall und saß die ganze Zeit auf dem Klo."

Während sich die Kinder noch mehr Ausreden ausdenken, geht die Tür auf.

„Ich bitte um Entschuldigung. Wir hatten heute nacht einen Stromausfall. Da ist mein Digitalwecker natürlich stehen geblieben und hat mich heute Morgen nicht rechtzeitig geweckt."

„Die Ausrede ist wirklich gut", sagt Annalisa leise zu Simone. „Und ganz neu. Die muss ich mir merken, falls ich auch mal zu spät komme."

„Ich sag's ja immer", flüstert Simone zurück. „Unser Dicker hat Fantasie." Sie dreht sich nach hinten. „Hast du gehört?", fragt sie Sebastian. „Das war eine tolle Ausrede, nicht so lahm wie deine. Von unserm Dicken kannst du noch was lernen."

„Jetzt wird nicht mehr geredet", sagt Herr Dick. „Wir fangen sofort mit dem Unterricht an, damit wir nicht noch mehr Zeit verlieren."

Manfred Mai, 1949 in Winterlingen geboren, wuchs auf einem Bauernhof auf. Als Kind machte er sich nichts aus Büchern und hatte mit Schule auch nicht allzu viel im Sinn. Nach dem Schulabschluss begann er eine Malerlehre und arbeitete in einer Fabrik. Aber so recht glücklich war er dabei nicht. Er wurde immer unzufriedener und ging auf die Suche nach Neuem. In dieser Zeit entdeckte er, dass Bücher etwas Tolles sind. Er las und lernte viel, wurde Lehrer und schließlich Schriftsteller. Heute lebt Manfred Mai mit seiner Frau und zwei Töchtern im schönen Schwabenländle.

Sabine Kraushaar zeichnete schon, als sie gerade mal einen Bleistift festhalten konnte. Ihr großer Traum war immer später Kinderbücher zu illustrieren. Sie studierte Grafik an der Kunstakademie in Maastricht. Danach machte sie sich selbstständig. Und seit 1995 geht ihr Kindheitstraum in Erfüllung.

Der bunte Lesespaß

Adventsgeschichten
Bärengeschichten
Computergeschichten
Cowboygeschichten
Delfingeschichten
Dinosauriergeschichten
Drachengeschichten
Feriengeschichten
Fußballgeschichten
Geburtstagsgeschichten
Geistergeschichten
Geschwistergeschichten
Gespenstergeschichten
Glaubensgeschichten
Gruselgeschichten
Hexengeschichten
Hundegeschichten
Ich-mag-dich-Geschichten
Indianergeschichten
Kinderwitze 1
Kinderwitze 4
Kinderwitze 5
Kuschelgeschichten
Monstergeschichten
Nikolausgeschichten
Opageschichten

Ostergeschichten
Pferdegeschichten
Ponygeschichten
Räubergeschichten
Rittergeschichten
Scherzfragen
Schlaf-gut-Geschichten
Schlummergeschichten
Schmunzelgeschichten
Schulgeschichten
Schulhofgeschichten
Schulklassengeschichten
Seeräubergeschichten
Spukgeschichten
Teddygeschichten
Tennisgeschichten
Überraschungsgeschichten
Ungeheuergeschichten
Unsinngeschichten
Vampirgeschichten
Weihnachtsgeschichten
Weltraumgeschichten
Werd-gesund-Geschichten
Wintergeschichten
Zählgeschichten